AF360346

# L'AGONIE

## DU

# CANAL DE SUEZ

### NULLITÉ DE SES RÉSULTATS ACTUELS
### SA RUINE PROCHAINE

PAR

## E. BAUCHE

## PARIS

### IMPRIMERIE AUGUSTE VALLÉE
16, RUE DU CROISSANT, 16

1870

# L'ISTHME DE SUEZ

## DÉCADENCE & RUINE

Quand on marche seul avec sa pensée qui fouille les derniers recoins de l'histoire merveilleuse de l'Egypte, où la nature et l'art ont jeté tant de richesses ; quand on se souvient de l'immense prestige qui éclairait cette terre des Pharaons, où la main de Dieu a répandu à discrétion les trésors inépuisables de ses prodigieux caprices ; quand, après un nombre incalculable de siècles inutiles, pendant lesquels tout semblait rentré dans le néant, il se trouve un homme dont l'intelligence infatigable a rêvé de reprendre la trace lumineuse, dont il a trouvé un faible rayon à travers le vaste horizon du temps, pour rendre à une contrée éloignée, peuplée de souvenirs et de monuments, ses luttes et ses triomphes, chacun se sent ému, et les échos de la presse et du monde encouragent l'ambition de celui qui veut effacer les ruines et les sombres misères, pour donner à une nation les splendeurs d'une autre époque ; au monde, es immenses ressources de relations directes et sûres avec les parties les plus éloignées de l'Inde.

Telle fut la pensée générale qui s'empara des esprits, quand M. de Lesseps formula son programme à propos du canal maritime de Suez. La presse française s'émut, puis, sous sa pression et devant ses nombreuses réclames, les événements et les millions marchèrent à pas de géant; aujourd'hui le ruisseau, qu'on se plaît à nommer le canal de Suez, a fait son chemin et livre passage, de loin en loin, à quelques steamers; les parties intéressées crient : Hosannah! Gloire à M. de Lesseps!!

Le moment est donc venu de faire une étude pratique de cette entreprise qui a déjà englouti tant de fortunes, et qui se prépare à demander au public, sous peu de jours, les économies faites au prix de tant de sacrifices, pour les précipiter dans des hasards dont l'issue n'est que trop facile à prévoir.

*
* *

Après un long séjour en Egypte, après une étude approfondie de tout ce qui a été écrit sur ce sujet, tant en France qu'en Angleterre et aux Etats-Unis, nous sommes demeuré convaincu que la question n'a jamais été étudiée sérieusement par la compagnie du canal de Suez.

Certains comptes-rendus, récemment publiés, se sont occupés des travaux d'art; d'autres, sans base sérieuse, ont essayé de résoudre les problèmes de l'avenir maritime, commercial et financier; nous nous proposons d'aborder successivement ces graves questions qui, d'après nous, n'ont jamais été qu'effleurées.

L'étude de M. Paul Borde, dans les colonnes de la *Liberté*, à propos des mesurages et des sondages, ne manque pas d'une certaine valeur; mais nous nous éloignons complétement de ses appréciations sur les questions financières, le rendement probable du canal, son mouvement maritime et commercial à l'heure présente et dans l'avenir. Nous envisageons aussi, d'une façon bien différente, la situation pécuniaire de l'entreprise, situation qui intéresse à un si haut degré les porteurs d'obligations et le public en général.

Nous voulons montrer aux actionnaires l'état dans lequel se trouvent les capitaux engagés dans l'opération et rechercher quels sont les *aléas* qu'ils ont à courir. Mais payons d'abord une dette de reconnaissance aux employés de l'administration, qui, pendant notre long séjour en Egypte, nos courses et nos études sur le canal, nous ont constamment accueilli avec une urbanité et une bienveillance dont nous sommes heureux de leur témoigner toute notre gratitude.

Cette dette payée, nous entrerons dans le vif de la question, et, laissant de côté la partie artistique, toujours fatale dans les questions industrielles, nous traiterons tous les points qui intéressent le public; nous démontrerons, sans peine, hélas! que les questions pratiques et financières, livrées à l'incurie de quelques rêveurs, ont brisé, dès le début, l'avenir commercial d'une entreprise qui pouvait amener de si grands résultats.

Notre travail est le résumé d'études faites sur tous les points où des travaux ont été exécutés. Nous ajouterons que nous, qui étions à bord d'un petit steamer de 700 tonneaux, calant quatre mètres d'eau seulement, nous avons eu le regret d'être arrêtés, tout à fait contre notre gré, au kilomètre 42, où nous sommes restés ensablés pendant quatre grands jours. Les chaloupes à vapeur, envoyées par la compagnie pour nous sortir d'embarras, ont été impuissantes à nous remettre à flot, et ce n'est qu'à l'aide d'expédients tout personnels que nous avons pu enfin reprendre notre route pour Port-Saïd.

*
* *

L'impression qui reste à l'esprit de celui qui a traversé le canal en l'étudiant avec soin est celle-ci : Un sentier vers l'Inde vient d'être ouvert; ce sentier a absorbé des sommes considérables (450 millions, chiffre rond). Une route large et profonde, telle qu'il la faut à la grande navigation à vapeur, est-elle possible? En supposant que l'on puisse trouver encore les capitaux nécessaires pour achever le canal, y aura-t-il jamais 1 p. 100 par an à verser aux actionnaires et porteurs d'obligations?

A cette question, nous répondrons :

### NON !

Non-seulement les actionnaires ne toucheront jamais de dividendes sérieux, mais nous les croyons condamnés à tout perdre dans un avenir que nous indiquerons du doigt, pièces en main.

Nous étudierons donc :

L'état actuel des travaux du canal et ce qu'ils ont coûté;

Quel est le trafic actuel et quel peut être son rendement, eu égard au capital;

Quelles sont les dépenses à faire pour achever les travaux;

Quelles sont les dépenses d'entretien et si le canal et Port-Saïd peuvent réellement être entretenus?

La conclusion de ces recherches démontrera, d'une

manière absolue, que cette grande entreprise, tant vantée par les intéressés, ne peut aboutir qu'à une fatale déconfiture.

**

L'administration du canal ne s'est pas ménagé les coups d'encensoir, nous l'avons dit déjà, et nous avons souvent entendu répéter par de bonnes gens qui prêtaient l'oreille aux promesses et aux rapports prestigieux de la Compagnie, que l'entreprise était une très-bonne affaire et que le canal de Suez, achevé, serait la merveille du dix-neuvième siècle.

Nous serons bien plus dans le vrai en disant simplement aux capitalistes et au public : c'est charmant, sans doute, mais ce qui est plus extraordinaire encore, c'est qu'une compagnie ait été assez habile pour recruter des actionnaires crédules, en leur disant :

« Nous allons fonder une entreprise à six cents lieues de France, n'ayant pour base que le sable et l'eau ; vous nous donnerez vos millions et nous vous promettons une part plus ou moins certaine du bénéfice qui en sortira. » Le Français a donné, mais le capitaliste anglais, toujours intelligent, a complétement fait défaut au canal de Suez, comme il s'abstint autrefois de prendre part à l'entreprise non moins hasardeuse du Mexique.

Sans doute M. de Lesseps a agi en cette circonstance avec une entière bonne foi. Il a cru au succès qu'il espérait : telle est du moins notre pensée, car ce serait un crime, si, prévoyant le résultat final inévitable, il avait engagé le vice-roi, après tous les sacrifices précédents, à gaspiller encore quarante millions, pour les fêtes au moins intempestives qui ont eu lieu lors de l'inauguration du canal de Suez !

Cependant la retraite successive de plusieurs membres très-influents de son conseil eût dû lui faire ouvrir les yeux. Ces hommes pratiques et loyaux, jugeant la situation mauvaise, se sont retirés en effet plutôt que de voir leurs noms compromis, aussi bien que leurs capitaux, dans une affaire condamnée à toutes les mésaventures.

Depuis une année, on a usé toutes les cordes de la réclame; depuis quatre mois le canal est en exploitation ; le moment des espérances vaines est donc passé. L'expérience est là, ainsi que ses résultats palpables : ils vont nous servir à juger l'inconséquence de l'œuvre accomplie.

*<br>* *

A l'origine de cette entreprise, qui apparut d'abord sous un aspect si grandiose, la presse parisienne applaudit des deux mains, et ses sympathies s'adressaient à la fois et à M. de Lesseps et au projet conçu. Le public, le vrai public, celui qui paie et que l'on plume si souvent, donna dans le piége ; les souscriptions affluèrent de toutes parts. Que vous dirai-je ? Des actions : il n'y en eut point pour tout le monde ! — Chacun est sujet à l'erreur ; mais si nous sommes courtois avec le directeur, soyons brutal comme un chiffre avec l'entreprise elle-même, et conservons l'impartialité mathématique et irréfutable qui suffit, à elle seule, pour démontrer que la Compagnie du canal de Suez condamnera ses actionnaires dans l'avenir aux plus stériles regrets.

Prenons des chiffres et, pour démontrer notre loyauté absolue, invoquons le plus souvent possible les données de l'administration elle-même.

*
* *

Quelle a été, en principe, l'évaluation des dépenses pour les travaux du canal?

L'achèvement complet, c'est-à-dire l'extraction de 100,000,000 de mètres cubes de sable, ou matières diverses, la création des bassins de Port-Saïd, devait coûter d'abord 200,000,000 de francs; plus tard, on demanda cent millions de plus; à l'heure où nous traçons ces lignes, les dépenses ont dépassé déjà 451 millions! Qu'a-t-on fait avec cette somme exagérée? On a terrassé, creusé ou dragué 75,000,000 mètres cubes sable ou de terrain!

Il est donc avéré que, puisqu'il y avait cent millions de mètres cubes de terrains à creuser, pour terminer les travaux du canal, il reste vingt-cinq millions de mètres cubes à déblayer, bien que l'on a dépensé plus du double de la somme qui fut jugée nécessaire dès le principe!

La logique nous dit que, si 75 millions de mètres cubes ont absorbé 451 millions de francs, 25 millions de mètres cubes coûteront proportionnellement 150 millions!

Cela semblerait d'abord indiscutable, et cependant nous ne serions point dans le vrai. Nous y reviendrons, car nous désirons que nos appréciations aient toute l'impartialité désirable.

Cependant, M. Lavallée, nouveau directeur-ingénieur des travaux, présente un devis par lequel il s'engage à achever le canal pour dix millions de francs! Ses prédécesseurs ont donc abusé de leur mandat. Nous ne voulons pas discuter avec lui la valeur d'aperçus probablement aussi inexacts que ceux produits par ses devanciers. Nous nous bornerons à dire :

Votre mètre cube d'extraction vous revient à environ quatre francs cinquante centimes, ainsi que le démontrent vos chiffres. Tout en faisant la part des engins dont vous disposez, et en supposant que les traités que vous passerez désormais avec les entrepreneurs seront plus sérieusement discutés que les précédents, qui ont sacrifié sans scrupule les intérêts des actionnaires qui devraient être sacrés ; en admettant, disons-nous, que la *loyauté* et l'intelligence président désormais aux opérations du canal de Suez, nous ne croirons jamais que vos déblais puissent coûter moins de deux francs le mètre cube. Prenons ce chiffre, qui laisse planer des doutes sur l'autorité de l'ancienne gestion, et disons : Il vous restait, au 1ᵉʳ décembre, 25 millions de mètres cubes à enlever ; c'est donc une dépense de 50 millions.

La question de l'entretien du canal viendra plus tard. — Passons. — Il nous a plu de démontrer l'impuissance, l'instabilité, l'absence de toute valeur de l'administration du canal au point de vue pratique.

*<br>* *

La question financière est plus grave encore.

Nous la discuterons avec vous.

Le rendement que vous annoncez est basé sur la transformation probable de la marine marchande ; c'est là le joyau que vous faites miroiter chaque jour aux yeux de vos actionnaires et du public en général.

Vous savez cependant que plusieurs gros propriétaires d'actions et d'obligations, suffisamment renseignés sur la valeur de votre entreprise, ont fait leur deuil déjà de la perte sèche à laquelle ils sont condamnés. Le public, moins bien renseigné jusqu'ici, imitera leur exemple le jour où nous aurons transformé en cristal, les parois opaques du boisseau sous lequel on s'est plu à placer toutes les pièces réelles relatives à l'entreprise du canal.

Et malgré tous ces accidents, comment vous placez-vous devant votre public financier, devant vos bailleurs de fonds?

Avec un aplomb superbe, qui n'a d'égal que votre naïveté, vous dites : — Nous produisons déjà; nous produirons plus encore; nous produirons énormément et nous donnerons de gros dividendes à tous nos actionnaires !

Permettez-nous de mettre la vérité vraie, irréfutable, sous les yeux du public.

Il faut, pour votre service d'intérêts, d'entretien et d'administration :

Pour 500,000,000 de francs à 5 0/0 d'intérêt 25,000 000
Frais d'entretien. . . . . . . . . 3,000,000
— d'administration . . . . . . . . 3,000,000

Soit par année. . . . . . 31,000,000

Que produisez-vous?

Votre moyenne de recettes, pour le trimestre de décembre à fin février, est, d'après vos données, de 400,000 francs.

Nous avons donc le droit de dire :

Il vous faut 7,800,000 fr. par trimestre :

Et vous recevez 400,000 francs ! !

Donc votre premier trimestre se chiffre par un déficit de 7,400,000 francs!

Mais supposons un instant que, faisant mouvoir tous les ressorts de la réclame et de la presse, vous puissiez marcher quelque temps encore. Qu'arrivera-t-il?

Si nous prenons pour base les résultats très-favorables du mois de février dernier, pendant lequel vos recettes s'élevèrent à 241,000 francs, ce qui donne pour un trimestre la somme de 723,000 francs, vous subirez encore, à l'expiration de cette période, un déficit de 7,077,000 francs.

Supposons enfin, avec tout le bon vouloir possible, que vous parveniez à doubler cette somme de 241,000 francs, déjà si favorable et qui représente le transit de trente steamers; supposons, pour vous mettre bien à l'aise, une recette mensuelle de 500,000 francs. Que produira cette moyenne, après une année d'exercice? 6,000,000 de francs, c'est-à-dire juste la somme indispensable à l'entretien général et à votre administration, et par conséquent une perte sèche de 25,000,000 après une année d'exploitation.

Quant aux actionnaires, il ne peut donc être question de leurs dividendes.

Nous avons admis ces chiffres sans contrôle, bien qu'ils soient les vôtres, dans le but de démontrer notre entière bonne foi. Disons maintenant quelques mots de cette grave question, si souvent invoquée par vous, celle de la transformation de la marine marchande.

.˙.

Il existe un fait admis par tous et par l'administration de Suez elle-même: c'est que le canal ne peut servir que pour la navigation à vapeur.

La raison en est très-simple.

Les voiliers, sans doute, ne rencontreraient aucun

obstacle matériel à transiter par le canal de Suez, leur tirant d'eau ne dépassant pas six à sept mètres. En effet, ils trouveraient facilement, à l'aide de puissants remorqueurs, des moyens rapides de locomotion.

L'objection n'est donc pas là.

Elle réside dans une difficulté insurmontable, celle du voyage par la mer Rouge, où les calmes presque continuels ne disparaissent de loin en loin que pour faire place à d'affreuses tempêtes!

Or, dans quelle mesure la transformation de la marine à voiles marchande, en marine à vapeur, doit-elle se faire en vue de la navigation par le canal? Disons-le tout d'abord pour modérer l'ardeur allumée dans le cœur des actionnaires, par les promesses sans nombre qui leur ont été faites.

Il est constant que bien des millions ont été dépensés par l'administration du canal de Suez pour la publicité, dans le but évident d'appeler cette transformation si indispensable à ses intérêts. Eh bien, malgré tous ses efforts et bien que quatre mois soient écoulés depuis la mise en exploitation du canal, nous avons constaté plus haut que son plus beau mois a produit un transit de trente bâtiments! Voilà le résultat obtenu, bien qu'il soit constant que les ports des Etats-Unis et ceux d'Angleterre regorgent de steamers prêts à être affrétés ou vendus.

*<br>* *

Pendant la période d'hiver, le port de Hull, le plus important comme port de steamers, a pour ainsi dire sans emploi les bâtiments qui font seuls, pendant la saison d'été, tout le trafic de la Baltique.

Londres, Dundee, Leith, Newcastle, Glascow, regorgent de steamers, et les demandes d'affrétement, en vue du canal, ont été si peu nombreuses, que les prix sont restés ce qu'ils étaient précédemment, c'est-à-dire au cours moyen.

Et que l'on ne vienne pas nous dire qu'il faut des bâtiments construits exprès pour naviguer dans le canal. C'est un leurre destiné, comme tant d'autres, à attirer le public. Tous les ports que nous venons de citer sont des ports qui font spécialement le trafic sur les côtes de la Grande-Bretagne et les voyages de la Baltique. Sur cent steamers, il s'en trouve soixante-dix au moins jaugeant de 500 à 1,500 tonnes, calant de quatre à six mètres d'eau, ce qui répond parfaitement aux exigences de la navigation par le canal. Quant à Liverpool, siége de la grande navigation de l'Atlantique et de l'Inde, ses bassins sont presque exclusivement occupés par des voiliers; les steamers de ce port sont de puissants paquebots à vapeur destinés spécialement au service des lignes transatlantiques, et les armateurs de ces différents ports, sachant tout le parti qu'ils tirent de leurs voiliers, ne s'exposeront pas à se ruiner en dépenses prématurées et inutiles peut-être.

****

Allons au fond des choses.

Ainsi que nous l'avons démontré au début de ce travail, les steamers jaugeant de 500 à 1,500 tonneaux sont ceux qui conviennent le mieux à la navigation du canal. Les 30 bâtiments qui l'ont traversé dans le courant de février, donnent une moyenne de 800 tonnes par bâtiment. Prenons ceci pour base; la Compagnie fournit elle-même ces chiffres.

Six millions sont nécessaires annuellement à l'entreprise de Suez. Ceci nous donne 500,000 francs par mois ; c'est-à-dire que 63 bâtiments doivent le remonter mensuellement pour couvrir ces premiers frais indispensables.

Ce point établi, il s'ensuit que pour que l'entreprise donne un dividende minimum de 5 p. 100 à ses actionnaires, il faut que le mouvement maritime se développe de façon telle, qu'il n'y ait pour ainsi dire plus de voiliers pour l'Inde, et que les deux tiers du trafic général se fassent par vapeur et par Suez ! !

Le mouvement commercial annuel entre l'Europe et la mer des Indes est, d'après les documents officiels, d'environ cinq millions de tonnes. Or, pour donner 5 p. 100 aux actionnaires, il faudrait admettre, chose impossible même après dix années de succès, que la transformation de la marine marchande fût un fait accompli et que cette transformation ait produit un mouvement de 323 bâtiments de 800 tonnes par mois.

Voici, du reste, un tableau comparatif de la situation :

*Mouvement actuel,*

en prenant pour base les chiffres du meilleur mois d'exploitation, donnés par la compagnie de Suez :

30 bâtiments jaugeant ensemble 24,000 tonnes et produisant 240,000 francs par mois.

Pour une année 360 bâtiments, jaugeant ensemble 288,000 tonnes, et produisant à 10 francs par tonne 2,888,000 francs.

*Mouvement nécessaire,*

pour que l'entreprise puisse donner un minimum de 5 p. 100 par an aux actionnaires :

323 bâtiments par mois à 800 tonnes.   258,400 ton.
produisant. . . . . . . . . . . 2,584,000 fr.

Soit par an 3,876 bâtiments, jaugeant ensemble 3,100,800 tonnes et produisant 31,008,000 francs.

Ce qui revient à dire qu'il faut que le canal produise mensuellement au delà de ce qu'il produit aujourd'hui annuellement, pour payer à ses actionnaires un intérêt de 5 p. 100 ! !

Actionnaires, porteurs d'obligations, et toi public, prenez garde à vous !!! Que ces chiffres ne s'effacent point de votre mémoire ; ayez la main sur vos poches et ouvrez les yeux à l'évidence.

Quand on a entrepris les travaux, on a demandé des capitaux en faisant miroiter l'avenir. — Quand l'avenir d'alors est arrivé à être le présent, on nous dit d'attendre la transformation de la marine ; plus tard, on vous dira que l'opération des terrains produira des centaines de millions.

Que les moins crédules ouvrent les yeux : l'avenir que l'on annonçait autrefois comme devant être si brillant, se solde aujourd'hui par des actions tombées de 600 à 320 francs, pour dégringoler probablement au-dessous de 200 francs. Mais il est toujours si facile de promettre, surtout quand les promesses font passer les millions des poches des actionnaires dans les caisses d'une administration !

Examinons maintenant :

1º Ce que le canal a coûté jusqu'à ce jour et ce qu'il faut dépenser pour l'achever, dans les limites du projet primitivement arrêté ;

2º De l'entretien du canal et de Port-Saïd ;

3º Du prix de dix francs par tonne pour le transit ;

4º Des terrains de Port-Saïd et d'Ismaïla.

# Deuxième Partie.

L'Isthme de Suez, qui vient d'être perforée après un travail de dix années, traverse une étendue de sable qui, sans solution de continuité, s'étendait entre les eaux de la Méditerranée et celles de la mer Rouge, sur une longueur de 140 kilomètres et sur une largeur de 160 kilomètres environ.

La base des terrains étudiés par les ingénieurs fut reconnue, après le tracé des plans, comme renfermant trois éléments très-distincts. Une première partie, d'une étendue de 45 kilomètres environ, était noyée dans une couche d'eau d'une profondeur qui variait de 25 centimètres à un mètre, et formait un immense lac, séparé de la mer par une langue de sable presqu'à fleur d'eau ; c'est le lac Menzaleh. Les travaux se poursuivirent, et sur un parcours de 48 kilomètres, le tracé rencontra deux dépressions de terrain ou grandes vallées de sables connues aujourd'hui que la mer y pénètre, sous la dénomination de *Lac Timsah* et de *Lacs amers*. Sur les rives du premier on a construit la nouvelle ville d'Ismaïla, ornée des palais du vice-roi et de M. de Lesseps ; les secondes empruntent leur nom à un banc colossal de sel, qui en forme la base sur toute son étendue. La dernière partie que suivit le tracé du canal, 70 kilomètres environ, en trois sections, formait un ensemble de petites montagnes, dont les sommets les plus élevés ne dépassent pas 20 à 22 mètres au-dessus du niveau de la mer. Ces trois fractions de terrain s'étendent donc sur une longueur totale de 164 kilomètres entre Port-Saïd, nouveau port, à l'entrée du canal, sur la Méditerranée et l'ancienne ville de Suez, sur la mer Rouge.

Ce tracé très- favorable permettait à la compagnie de traverser les 45 kilomètres du lac Menzaleh, après quelques simples travaux de drainage, et en établissant des berges suffisantes pour séparer les eaux du canal de celles du lac.

D'autre part, le lac Timsah et les lacs Amers offraient presque sur toute leur étendue une profondeur de huit mètres; il n'a fallu que très-rarement enlever quelques mètres de sable pour établir le niveau du fond normal.

Il ne restait donc, en somme, qu'un seul travail important : 70 kilomètres de montagnes de sable à déplacer pour y creuser ensuite le lit de la nouvelle voie de communication vers l'Inde.

Le canal, qui, sur la côte méditerranéenne commence à mi-distance de Damiette et des ruines de l'ancienne Peluze, aujourd'hui ensablée et submergée, mesure donc, dans tout son parcours, 164 kilomètres se subdivisant, comme nous l'avons dit plus haut, et débouche enfin à Suez. Il doit, d'après le projet adopté et pour être accessible à la grande navigation, mesurer 100 mètres de largeur en plan d'eau et 40 mètres au plat fond, sur une profondeur constante d'au moins 8 mètres.

Il ne nous sera pas difficile de démontrer l'insuffisance de ces dimensions.

En effet, en supposant le canal terminé à sa largeur réglementaire, il n'offrira dans tout son parcours, et sauf les bassins naturels formés par les lacs dont nous avons parlé, aucun bassin de séjour, de réparation ou d'évolutions; aucun point de repaire n'a été réservé sur les 75 kilomètres de distance qui séparent Port-

Saïd et le seuil d'Elguisr, c'est-à-dire sur un développement égal à la moitié de sa longueur totale. Il s'ensuit que si deux steamers se rencontrent dans cette longue impasse et se font des avaries mutuelles, ils interrompront pour un temps indéterminé la navigation du canal. Dans un cas semblable, èt s'il s'agissait même d'un simple échouage, l'administration ne disposant d'aucun moyen d'action puissant, on se demande jusqu'à quel point la compagnie ne serait pas pécuniairement responsable des retards occasionnés. Il est bien certain qu'un bâtiment, après avoir acquitté un droit de 10 francs p. 100 par tonne pour un transit rapide, n'acceptera pas sans conteste un retard de plusieurs jours, sinon de plusieurs semaines ; retard que le moindre incident peut faire naître.

A l'époque de l'ouverture de cette nouvelle voie de communication, nous avons vu, entre Port-Saïd et Suez, plusieurs bâtiments arrêtés pendant deux et trois jours avant de pouvoir continuer leur route. Cependant, à cette époque, aucun croisement de navire n'était possible, et la plupart d'entre eux étaient des steamers de guerre commandés par des officiers, qui mieux que personne connaissent à fond la navigation.

Pour obvier à cet état de choses, il faudrait creuser quatre bassins entre Port-Saïd et le lac Timsah, et qu'ils fussent suffisamment larges pour qu'un bâtiment pût y virer de bord ; un cinquième bassin à la hauteur du Sérapeum, et enfin un sixième vers le kilomètre 145. Il faudrait, en outre, établir dans chaque bassin des remorqueurs puissants, toujours prêts à se porter au plus prochain accident.

****

Mais revenons au projet de la Compagnie ; voyons

quelles sont les dépenses qui ont été faites et celles qui doivent être exécutées encore pour achever son projet, tout incomplet qu'il soit.

Le 30 juin 1869, la Compagnie de Suez présentait un état de situation dont voici les chiffres :

> Recettes. . .    451,656,661 10
> Dépenses . .    404,373,378 03*
> ──────────
> Soit en caisse.    47,283,283 07

Depuis le 30 juin jusqu'au 17 novembre, jour de l'ouverture du canal, les travaux ont été poussés avec vigueur et une bonne partie de l'encaisse a dû être absorbée. Si nous ajoutons ce qui a été dépensé pour le rapatriement d'ouvriers, etc., la gratification de 400,000 *francs*, donnée sans motif, non pas aux employés de la Compagnie, mais bien aux *employés des entrepreneurs*, dont l'administration n'avait certes pas à se louer, générosité qui peut à juste titre paraître *au moins* étrange, puisqu'elle est prise sans souci dans la poche des actionnaires ; si à cette dépense, disons-nous, que je me borne à qualifier d'excentrique, on ajoute les autres travaux exécutés jusqu'à la fin de décembre, nous voyons que la plus grande partie de l'encaisse doit être absorbée.

*⁎*

Ne nous préoccupons pas ici du produit du canal, produit illusoire, 400,000 fr. par trimestre ; écartons aussi le détail des sommes fournies soit par l'Égypte, soit par la France, et ne considérons que le chiffre total des dépenses.

Le cana  a donc coûté, jusqu'à ce jour, 451,656,661 francs, dont il est bon de déduire :

1° Sommes payées aux actionnaires et porteurs d'obligations sous forme d'intérêts . . .    73,652,886

2° Sommes absorbées par l'administration pour immeubles , meubles , frais divers . . . . . . . . . . .    35,971,041

109,623,927

Il reste donc une somme nette de :  342,032,736
Mais déduisant encore les sommes employées à la création des ports de Port-Saïd et Suez : 15,000,000 d'une part et 3,000,000 de l'autre, soit. . . . . .    18,000,000

C'est une somme de . . . . . .  324,032,726 employée exclusivement aux travaux du canal proprement dit.

Il y avait 100,000.000 de mètres cubes à extraire pour achever le canal; on en a extrait jusqu'à ce jour 74,000,000, revenant à 4 fr. 37 le mètre cube.

Pour obtenir partout la profondeur de 8 mètres, il faut draguer en différents points sur un parcours total de 57 kilomètres, n'ayant que de 5 m. 50 à 7 m. de profondeur.

Pour élargir les fractions d'Elguisr du Serapeum et de Chalouff, il faut déblayer sur un parcours total de 26 kilom. : travaux représentant ensemble 26,000,000 de mètres cubes encore à extraire.

Si on s'en rapportait à certains projets des ingénieurs de la Compagnie, projets dont nous devons nous défier à tant de titres, on pourrait achever les travaux avec 10,000,000 fr., établissant un prix de 40 cent. par mètre cube de déblai, ce qui est absurde, puisque les précédents ont coûté 4 fr. 37.

Mais si nous tenons compte des machines existantes et en espérant que les entreprises partielles ne seront pas concédées, comme par le passé sans aucun respect pour les intéré s des actionnaires, nous admettons que le mètre cube pourra être dragué, extrait ou déplacé pour un prix de 2 fr. par mètre cube, ce qui est un minimum absolu. Nous aurons alors une dépense de 56 millions pour terminer les 26,000,000 de mètres cubes restant.

Cette somme, ajoutée aux 451 millions déjà dépensés, forme bien un total de 503,656,661 fr., c'est-à-dire au delà de cinq cents millions, chiffres ronds, que nous donnons plus haut, pour l'ensemble des travaux du canal, si on parvient à les mener à bonne fin.

*<br>* *

Les dépenses d'entretien du canal de Port-Saïd ont déjà fait l'objet d'études plus ou moins sérieuses. Les unes donnent un chiffre probable de 10,000,000 de francs par an, tandis que d'autres apprécient cette dépense à 2,000,000. Nous allons nous rapprocher le plus possible de la vérité.

Le canal étant appelé par sa nature même à des détériorations graves, on a dû en rechercher les causes, afin de se rendre compte de l'importance des dépenses nécessaires à son entretien.

Ces recherches ont promptement démontré que les dégâts étaient le résultat du mouvement naturel ou accidentel de la masse d'eau du canal et des bourrasques de sable du désert apportées par le vent.

La masse d'eau du canal est déplacée en effet quatre fois par jour entre les lacs Amers et de Suez, par le flux et le reflux des deux marées de la mer Rouge. L'expé-

rience a légèrement modifié les calculs primitivement
établis, et il est résulté de nouvelles recherches que le
courant occasionné par la marée, une des causes cer-
taines, variait de trois et demi à quatre kilomètres
par heure.

Cette eau, toujours agitée, détermine en effet dans
les fonds un roulement du sable, qui se trouve en-
traîné vers le centre ou plat fond par les lois mêmes
de la pesanteur.

Il résulte de ce mouvement perpétuel un ensablement
qui peut être évalué à vingt-cinq centimètres d'épais-
seur par an, qui, se reportant sur tout le bras où la
marée se fait sentir, produit un chiffre total de
750,000 mètres cubes de sable à déblayer chaque
année.

A cette cause primitive d'ensablement, il en est une
autre qui se produit par le passage des steamers, mar-
chant avec une vitesse de dix kilomètres à l'heure.

En effet, chaque fois qu'un bâtiment s'engage dans
les eaux du canal, le mouvement qu'il imprime produit
un remous qui déplace une quantité de sable qui s'ache-
mine petit à petit vers le fond, et qui peut être évaluée
chaque année à un million de mètres cubes.

La troisième cause enfin, quoique partielle, est pro-
duite par les nuages de sable qui, soulevés par les oura-
gans du désert, viennent s'abattre irrégulièrement dans
le canal, où ils disparaissent.

Toutefois, 60 kilomètres seulement du canal subis-
sant l'influence du vent du désert, il en résulte que la
quantité de sable apportée de cette façon ne dépasse
pas 800,000 mètres cubes.

Ce qui donne un total annuel d'ensablement de
2,550,000 mètres cubes.

En estimant l'extraction à raison de 2 francs seulement par mètre cube, nous obtenons un chiffre annuel de dépense de 5,100,000 francs.

**

La ville de Port-Saïd, déjà si vantée avant d'être sortie du sable mouvant qui a englouti déjà tant d'autres cités fameuses, et dont on veut faire une des merveilles de l'avenir, mérite un chapitre spécial.

L'entretien de ses bassins et de ses jetées présente un intérêt trop puissant pour que nous n'ayons point à cœur de traiter cette question et de faire jaillir la vérité sur ce point comme sur tous les autres.

Port-Saïd, nouveau port sur la Méditerranée, est construite sur le sable, qu'amène chaque jour l'eau du Nil et la vague du large. Ce sable est presque à fleur d'eau et forme la séparation du grand lac Menzaleh de la Méditerranée. Le lac n'est lui-même qu'une portion de mer qui, peu à peu, comblée par les sables amenés par les vagues, s'est trouvée tout à coup privée de communication avec la mer par une bande opaque et solide qui s'est formée à une distance de 25 à 30 kilomètres au-delà du rivage primitif.

Ceci expliqué, disons d'abord que la ville n'ayant d'eau douce que par les tuyaux qui viennent d'Ismaïla, n'en aura qu'une quantité insuffisante le jour où elle voudra s'agrandir, que les dépenses pour l'établissement de viaducs seront énormes; qu'en ce moment le canal d'eau douce, servant de réservoir à ses fontaines, n'est pas achevé et que les travaux de prises d'eau sur le Nil, que le vice-roi doit faire exécuter, marchent avec une sage lenteur comme tout ce qui se fait en Egypte.

Indépendamment de ces graves difficultés, constatons que dans la ville même et dans toute la contrée, le sable cède de 0ᵐ,05 sous les pas de l'homme; qu'il n'y pousse pas une herbe, pas un arbre, pas un légume; que l'eau douce est presque une rareté et qu'elle devient introuvable dans certains moments. — Sur ce sable mouvant on a jugé opportun de dépenser 15,000,000 fr. pour la construction des deux grandes jetées, du chenal et de quatre bassins intérieurs, sans rechercher si Port-Saïd n'est pas condamnée comme sa voisine, la fameuse Peluze, à être ensevelie par les sables du désert.

.*.

Et que cette prédiction n'étonne personne.

Tous ceux qui ont vu Port-Saïd savent que la grande jetée est déjà envahie par le sable à un point tel, que des blocs énormes, qui ont été posés à ciel ouvert, il y a quelques années à peine, sont déjà complétement recouverts par le sable.

Dans un temps plus ou moins rapproché, cet élément terrible débordera la jetée et envahira l'avant-port. Mais si à force d'argent et de travaux on parvenait à contenir le sable, en maintenant l'avant-port à son niveau, il arriverait un instant où toutes les dépenses deviendraient superflues, car on se trouverait à la sortie des jetées devant une nouvelle barre de sable qui formerait un nouveau lac Menzaleh. Ce jour est inévitable; *Port-Saïd sera engloutie et le canal, s'il vivait jusque-là, succomberait par ce seul fait qu'aucun travail humain ne peut empêcher !*

Mais n'alarmons pas les esprits qui ne veulent point s'ouvrir à l'évidence; occupons-nous d'abord des intérêts du moment, de la possibilité d'entretenir et d'agrandir Port-Saïd, atin que les actions de Suez, maintenues par des rendements impossibles, prennent leur essor vers les hauteurs de la cote, en attendant qu'elles soient précipitées avec plus de fracas, dans le précipice sans fond des entreprises condamnées à la ruine.

Parlons seulement du coût de l'entretien de Port-Saïd et de son avant-port; nous reviendrons plus tard aux soins à donner aux jetées.

Et pour ne point nous écarter de notre sujet, ne perdons pas de vue qu'une quantité qui peut être évaluée à 500,000 mètres cubes de sable, pénètre chaque année dans l'avant-port, ce qui obligera la Compagnie, jusqu'à l'accident définitif, à une dépense annuelle de un million de francs.

Nous trouvons donc comme chiffre d'entretien pour le canal proprement dit. . . . . . 5,100,000 fr.
Pour l'entretien de Port-Saïd. . . 1,000,000

Total. . . . . 6,100,000 fr.!!

chiffre, qu'afin de ne pas être taxé d'exagération, nous avons voulu réduire de moitié, ainsi qu'il est démontré dans la première partie.

# DU PRIX DE DIX FRANCS PAR TONNE

DEMANDÉ PAR LA COMPAGNIE DE SUEZ, POUR LE TRANSIT DU CANAL

L'armateur n'est, généralement, pas l'homme qui entreprend une opération commerciale sans la raisonner d'abord. L'actionnaire, lui, est loin de posséder les mêmes qualités.

Il a entendu parler autrefois de l'Egypte, des Pyramides, de la possibilité de réunir les deux mers et d'ouvrir un chemin marchand vers l'Inde. On lui a fait entrevoir que cette contrée deviendrait une nouvelle Californie!! L'amour du lucre a pénétré ses entrailles de père et d'agioteur, et il a donné son argent!

Cependant, le temps a marché; ses yeux ont vu déjà, ses oreilles ont entendu; son télescope, braqué constamment vers l'Orient, lui a montré de loin en loin quelques vapeurs courant vers le canal, et, en vrai gourmand, il commence à regarder mélancoliquement ses actions cotées naguère encore à 600 francs. Il regrette de n'avoir pas choisi ce beau moment pour réaliser; puis il reprend, le lendemain, le chemin de l'administration, où on lui redore la pilule. On lui parle de la transformation de la marine, et on lui démontre enfin que les dix francs de transit, exigés pour chaque tonne, et la vente des terrains, donneront prochainement aux actions une valeur vertigineuse.

Examinons l'importance de ces promesses.

Nous avons été appelé à parler, à différentes reprises déjà, de la transformation de la marine. Avant d'aborder la question du prix de dix francs par tonne, établissons en fait que :

Un télégramme, une correspondance demandent une grande rapidité d'expédition : une fortune dépend quelquefois d'un instant. Voilà pourquoi, si on établit des tarifs réduits pour les dépêches et la correspondance, la recette augmente, car l'expérience prouve qu'il faut user concurremment avec son voisin des moyens d'action dont il dispose, et la grande quantité d'affaires qui naissent se ressent du nouvel état de choses.

Le négociant aussi a besoin d'être rapidement transporté. La possibilité d'une marche prompte est souvent pour lui l'origine de sa fortune; il doit donc payer cher le temps qu'on lui fait gagner.— Le touriste veut ses aises; après trois jours de mer, il aspire à toucher terre. Il a hâte de voir de nouveaux pays, et il demanderait volontiers que la distance pût se franchir avec la rapidité d'un télégramme.

Il s'est donc établi des lignes régulières qui transportent les dépêches, et, moyennant des prix qui varient de cinquante à soixante francs par jour et par personne, des steamers confortables conduisent rapidement les passagers. Ces steamers spéciaux ont affaire au canal, quel que soit le prix qu'il demandera. Si cette traversée est chère, ils demanderont davantage au trafic, et ils auront toujours les lettres et les voyageurs.

Le nombre des compagnies qui ont établi des services réguliers pour l'Inde sont peu nombreuses : les messageries impériales s'y rendent deux fois par mois; la compagnie péninsulaire tous les huit jours, c'est-à-dire pour les deux entreprises réunies, six steamers par mois seulement. Les autres compagnies, dont nous avons entendu parler, sont encore à l'état de projet.

La marchandise, en tant qu'elle est matière à fret en dehors de l'expédition insignifiante de colifichets, réclame-t-elle la rapidité absolue offerte par le canal?

Nous affirmons hautement que NON.

Le seul avantage que retire la marchandise d'un transport rapide, c'est qu'elle produit des transactions plus nombreuses, et par conséquent un profit annuel plus considérable. — Ceci serait vrai, si la marchandise elle-même n'avait pas une limite. Cette limite existe cependant, puisque le chiffre de production et celui du trafic de l'Europe et l'Inde se détermine par un total annuel presque invariable. Il en résulte que si tout le trafic d'une année était fait dans un espace de six mois, les six autres mois demeureraient sans emploi. Cela est si vrai que, trente fois sur cent, des bâtiments arrivés avec plein chargement dans un port, sont obligés de relever sur lest à leur arrivée pour chercher un fret ailleurs.

Abordons les chiffres.

Ayant pris pour base, dans la première partie, une moyenne de 800 tonneaux par bâtiment, voyons comment un steamer de cette importance exécutera son voyage d'Angleterre à Bombay.

Nous prenons l'Angleterre comme base de notre raisonnement, parce que c'est toujours ce pays qu'on invoque dans les grandes transactions. C'est la Grande-Bretagne qui, d'après les affirmations de la compagnie de Suez, doit apporter des dividendes aux capitaux français !

Puisse cette promesse se réaliser au profit des deux nations.

C'est dans la navigation mixte, nous répète-t-on chaque jour, que se trouve le dernier mot de l'avenir.

Oui, sans doute, l'avenir est là pour la grande navigation dégagée d'entraves et de surtaxes ; mais il n'en sera point ainsi, s'il lui prenait la fantaisie de prendre la voie du canal qui prélève dix francs par tonne, même sur les charbons, premier élément de la navigation à vapeur.

Pour l'exemple qui va suivre, prenons pour base un steamer de 800 tonnes, chiffre moyen du tonnage des bâtiments qui ont traversé le canal en février.

Il est reconnu qu'un steamer de 800 tonnes peut porter 1,100 tonnes de fret.

Nous ne rechercherons point ici quel sera plus tard le prix de revient d'un steamer de 800 tonnes, en le construisant de telle ou telle façon, et en lui adaptant une machine plus ou moins puissante. Nous prenons les choses dans la situation où elles se trouvent, et nous disons :

Nous avons visité plus de 200 steamers dans tous les ports de la Grande-Bretagne, et nous prenons au hasard, pour établir une moyenne, les bâtiments suivants :

*Goodhope,*
*Cormorant,*
*Malvina,*
*Bitsy of Aberdeen.*
*Général Havelock.*
*Sweden,*
*Borneo,*
*Lady Woodhouse,*

formant un ensemble de huit steamers de jauges diverses établissant une moyenne de tonnage de $\frac{800}{1100}$ tonnes, avec une force nominale de 170 chevaux, une consomption de 19 tonnes de charbon par jour et une vitesse moyenne de neuf nœuds à l'heure.

Un semblable steamer, partant de Liverpool ou de Londres pour Bombay et retour, pourra effectuer son voyage d'aller, en 33 jours environ, y compris le temps de transit du canal, et sans comprendre 3 jours de relâche pour le charbon. En admettant qu'il charge et décharge rapidement, il emploiera trois mois pour son aller et retour, dont 66 jours de combustion, puisqu'il tient la mer pendant ce laps de temps.

Ce steamer, à cause de la longueur des escales, est obligé d'avoir des soutes à charbon de 10 jours au moins, soit 200 tonnes à retirer des 1,100 qu'il peut prendre en fret.

Quel est le prix moyen de l'affrétement de semblables steamers en Angleterre? 23 schellings par tonne en moyenne, soit 28 fr. 75 par mois et par tonne; soit, pour trois mois et 800 tonnes, 68,400 francs.

Quelle sera sa dépense en charbon?

Il faut 33 jours à 19 tonnes, soit 627 tonnes à des prix divers, que nous décomposerons ainsi, en prenant la combinaison la plus favorable :

200 tonnes en Angleterre, à 19 sh., soit 23 fr. 75   4750   »
150 tonnes à Gibraltar, à 30 sh., soit 37 fr. 50 . .   5625   »
125 tonnes à Alexandrie, à 37 sh., soit 46 fr. 25   5781  25
152 tonnes à Aden, à 60 sh., soit 75 fr. . . . . . . . 11400   »

Soit de dépenses en charbon pour le voyage
    d'aller . . . . . . . . . . . . . . 27556  25

Supposons (ce qui est inexact, puisqu'en revenant il n'aura pas l'avantage du charbon anglais à bon marché), supposons la même dépense pour le retour, nous obtenons pour aller et retour. . . . . . 55,112 50

Ajoutons pour transit du canal. . . . 16,000
et frais divers de quai, feu, etc . . . . . 2,000

Nous obtenons un total de dépenses pour son voyage de. . . . . . . . 68,400 fr. pour le nolisement
55,112 50 pour le charbon
16,000 pour le canal
2,000 divers

Total de dépenses 141,512 50 pour le voyage d'aller et retour.

Que peut rapporter un semblable steamer portant, comme nous l'avons expliqué, 900 tonnes de cargaison ?

Prenons une moyenne de fret d'un prix très-favorable, 150 fr., par exemple, par tonne, pour son aller et retour, et supposons qu'il chargera immédiatement en plein au départ et à l'arrivée. Le bâtiment aura fait une recette de 135,000 fr. et subira, par conséquent, une perte de 6,512 fr. 50 c., grâce aux 16,000 fr. qu'il aura payés au canal.

Voilà pourquoi les Anglais, sur lesquels on comptait tant, ne prennent pas la voie de Suez ; voilà pourquoi nous disons que le droit de transit de 10 fr. par tonne condamne d'avance le canal au dépérissement.

Si la Compagnie réduisait le prix à 5 fr. par exemple, elle aurait plus de mouvement maritime sans doute ; mais tandis que le fret, plus offert, baissera, le charbon sera plus demandé, son prix augmentera promptement dans la mer Rouge et créera aux armateurs une position très-délicate. Si, au contraire, la Compagnie élève les prix, le canal, déjà agonisant, est condamné sans remède.

A notre avis, le seul moyen de sortir de cette fatale impasse, serait de baisser les prix du canal, et d'accorder aux charbons la faculté de transiter en franchise de droits.

# DES TERRAINS DU CANAL MARITIME

## DE SUEZ ET ISMAÏLA

—

Nous qui, dès le principe, n'avons jamais cru au succès de l'entreprise de Suez, nous n'avons pu cependant nous défendre d'admirer M. de Lesseps, alors que soutenu par l'espérance, l'esprit tendu vers le but qu'il rêvait, il déployait les ressources de son active intelligence. Nous l'admirons moins aujourd'hui, que, placé devant une réalité qu'il ne peut méconnaître, il s'efforce d'étayer son monument qui chancelle. C'est pourquoi nous disons à ceux qui sont entrés dans cette entreprise : Prêtez l'oreille à la vérité; et à ceux qui seraient prêts à y entrer : Arrêtez-vous, il en est temps encore; les aveugles seuls sont pardonnables quand ils tombent dans un précipice qu'éclairait la lumière du jour.

La concession des terrains faite à la Compagnie de Suez est un des derniers moyens que l'administration offre, en désespoir de cause, aux actionnaires si souvent déçus.

Le khédive, leur dit-on, a concédé à la Compagnie

10,700 hectares de terrains à prendre dans tout le parcours du canal et où la Compagnie les trouvera plus avantageux, à Port-Saïd, Suez, Ismaïla et partout où bon lui semblera, sur le parcours du canal maritime.

Une partie de ces terrains est louée déjà, dit M. de Lesseps; puis il ajoute : nous en vendrons à 50 et à 100 fr. le mètre, et, dans dix ans, le produit de nos ventes couvrira les dépenses du canal.

Hélas! ces promesses, comme toutes celles qui ont été faites précédemment, sont basées sur le sable du désert aussi mouvant que les châteaux en Espagne.

Nous allons essayer de faire apprécier à leur juste valeur ces calculs fantastiques.

Que le lecteur nous permette de nous arrêter un instant pour donner quelques détails sur la position générale de l'Egypte; nous croyons cette digression indispensable au développement qui va suivre.

Chacun sait que la contrée des Pharaons est très-fertile dans toute l'étroite vallée du Nil et le Delta, où le fleuve apporte la fertilité avec ses eaux limoneuses. Presque toute cette immense étendue de terrains cultivables est la propriété exclusive du khédive et de quelques pachas, qui, à l'aide des bras des fellahs, se font des revenus immenses. Hâtons-nous d'ajouter que tout ce qui n'est pas baigné par le Nil est le désert, jonché çà et là des ruines de ce peuple qui, à son jour, fut le premier du monde.

On sait aussi que le désert lui-même, alors qu'on peut lui envoyer de l'eau douce et très-peu d'engrais, devient un sol d'une fertilité extraordinaire.

Le commerce est entre les mains des Arméniens,

des Syriens, des Juifs et des Arabes. Ces derniers amènent travers le désert les produits de l'intérieur de l'Afrique. La colonie européenne, proprement dite, s'occupe du commerce d'importation et d'exportation, et achète au vice-roi la presque totalité de ses produits.

La moralité commerciale, nous parlons ici en général, est une rare exception ; le crédit est nul. L'Européen s'attache par tous les moyens que lui fournit son esprit à puiser dans la bourse du khédive, et il est souvent aidé dans ces opérations par les hauts fonctionnaires eux-mêmes, qui sont habitués de recevoir pour prix de leur intervention une part dans des bénéfices toujours scandaleux.

Nous savons que dans d'autres contrées encore on pratique le même système, mais l'Egypte à coup sûr est le pays le plus avancé en corruption, et il faut avoir le pourboire à offrir aussi bien aux grands seigneurs qu'aux derniers des conducteurs de bourriquets.

.·.

Une partie de cette colonie européenne profondément dépravée, vivant dans les nombreux tripots qui foisonnent, est un spécimen curieux des nationalités les plus diverses. Grecs, Italiens, Français, Allemands, Espagnols s'y coudoient et recherchent par tous les moyens avouables ou non, des profits faciles qu'ils dépensent largement, tandis que d'autres plus habiles reviennent en Europe, aussitôt fortune faite.

Il est vrai de dire que quelques grandes et honorables maisons ont voulu entreprendre de créer des comptoirs sérieux. Ont-elles réussi ? Nous nous permettons d'en douter.

Donc la population européenne actuelle d'Egypte est

peu disposée à prendre de fortes racines dans le pays.
Elle ne s'y acclimatera que le jour où le canal prouvera
enfin qu'il peut vivre de ses propres ressources. Ce
jour-là, s'il arrive, des colons sérieux s'établiront sur
son parcours.

La partie de la population sur laquelle M. de Lesseps
peut compter pour acheter des terrains est donc bien
peu nombreuse. Quelques personnes seraient disposées
peut-être à louer des terrains, mais sacrifieront-elles
des sommes importantes pour faire des acquisitions?
M. de Lesseps sait mieux que personne que ce rêve est
loin de sa réalisation ; il sait que le canal d'eau douce,
propriété actuelle du khédive, n'est pas achevé, et il
ne peut entrevoir l'époque où il sera terminé, aucun
engagement ne liant le vice-roi.

Ismaïla seule reçoit une faible quantité d'eau douce
par le canal, mais Port-Saïd ne parvient qu'à l'aide de
conduits souterrains bien insuffisants à se procurer le
plus absolu nécessaire.

Le canal maritime, ainsi que nous l'avons expliqué,
traverse des lacs sur une grande étendue de son parcours; donc, pas de villes possibles. Quand il passe au
milieu du désert, ses rives sont des montagnes de
sable où l'eau douce ne peut arriver, par suite de
l'immense différence de niveau avec le canal d'eau
douce. Donc, sauf à Ismaïla, où l'eau sera peut-être
un jour plus abondante, il n'est pas un seul point
où la culture soit possible. A Port-Saïd il y a tout
au plus quelques hectares de sable entre le lac et la
mer, qui trouveront peut-être preneur, si le trafic
par le canal devenait considérable et nécessitait de
nouveaux magasins.

De ces 10,700 hectares que reste-t-il? — Rien à
prendre sur le canal ; quelques hectares à Ismaïla,

quelques autres à Port-Saïd et à Suez. Le chiffre énorme annoncé avec tant de fracas, tombe devant l'évidence et se réduit à un petit nombre d'hectares qui n'auront une valeur quelconque que dans le cas incertain où le canal d'eau douce serait terminé et si le canal maritime subsiste. Le résultat est, dans tous les cas, très-aléatoire.

Ajoutons à ce simple exposé que par convention le vice-roi est appelé à toucher la moitié de la valeur des terrains vendus. — Que restera-t-il donc aux actionnaires?

Les prix extravagants de cinquante et de cent francs le mètre, mis en avant par la Compagnie, n'ont été inventés que pour allécher le public. Les terrains qui peuvent valoir cinquante francs au plus sont ceux qui bordent les bassins de Port-Saïd, et la plupart sont occupés déjà; les autres méritent à peine d'être mentionnés dans ce travail et la compagnie de Suez eût bien fait d'imiter notre prudence.

Des locataires, il s'en trouvera sans doute; il s'en trouve déjà, dit-on, pour une somme de 900,000 fr. Ces hommes entreprenants veulent bien courir avec la Compagnie les hasards de l'avenir, mais raisonnablement et honnêtement peut-on espérer davantage?

Quant au traité à intervenir, dit-on, avec une puissante Compagnie qui acquerrait 10,200 mètres de terrain, nous ne savons jusqu'à quel point ce nouveau bruit, tout de circonstance, peut-être fondé; mais supposons le fait vrai, il donnerait raison à nos appréciations, car cette compagnie prendrait certainement les terrains estimés les plus chers. Or, comme elle absorberait plus d'un hectare à Port-Saïd, ce qui resterait serait sans importance.

Pour nous, du reste, qui ne voudrions qu'une chose, voir naître la prospérité partout où nous entrevoyons la ruine, et ne sommes lié avec aucune Compagnie, nous croyons que ce marché est loin de sa conclusion.

Terminons ici cette étude rapide qui nous est commandée par l'intérêt de nos concitoyens. Nous avons voulu jeter un rayon de clarté et faire jaillir la lumière des ténèbres.

L'avenir nous dira si nous avons réussi à ouvrir les yeux au public et à le convaincre que, dans l'état actuel des choses, il n'est point d'entreprise plus hasardeuse, plus mauvaise, sous tous les rapports, que celle du canal de Suez.

FIN

580. — PARIS. — IMPRIMERIE VALLÉE, 16, RUE DU CROISSANT.